戦後七十年を生きて

遠砧

目次

目次

はじめに

わたし達夫婦は、農家で生まれ育った。子供の頃から、春の田植え・秋の取り入れ・冬の藁仕事を手伝ってきた。子供の頃嫌だった農作業が、生活の中で多くの事に役立っている。そのことに感謝し、また無性に懐かしくなるのである。回転式の砧や木製の砧で親たちを真似しながら打った砧の音が耳裏に響いてくる。

「秋おくる風のまにまに遠くなり
　近く聞こえて打つ砧の音♪」

昭和四年宮城道雄が作曲した箏曲「遠砧《とおきぬた》」を想い浮かべて題名とした。

戦中生まれの二人は、戦中戦後の食糧難によるひもじい思いや貧しさに絶え我慢強さも身についた。

わたし達が家庭を持った頃は池田内閣の「もはや戦後ではない」と云われるようになった。世の中も落ち着き景気が徐々に上向きつつあった。

そうした時代に流されながら転勤・転居を繰り返し家族で頑張ってきた。

昭和から平成に移った頃、バブル崩壊を分岐点として今迄の高度成長期から低成長期に移った。

この変化は、経済面のみならず政治・文化面に影響をもたらし今迄経験も想定もしたことのない事柄を処理する能力が問われている。

世界の変化も激しく国境を跨いた新国家イスラム国なる勢力が生まれ、ナショナリズムに偏る領土主張国が活発化するなど大きく揺らいでいる。

こうした国内外の出来事が、わが国が向かう方向の分かれ目にあるということを実感させている。

折しも、戦後七十年の節目の年に義母の一周忌の法要を迎えた。

法要を機に先の戦争で経験した辛い思いを誰に語ることなく耐えて必死に生きてきた人たちの証を残そうと思い立った。今は亡きわたし達の両親が、この世に生を授けてくれたことに感謝し、わたし達の思いを書き留めて供養にしたい。

合掌

平成二十七年十二月吉日

細川良彦・光子

はじめに

第一章　独身寮・結婚

①　独身寮生活

昭和三十二年に岐阜県立大垣工業高校を卒業して名古屋のM重工独身寮に入った。

自社病院の病棟を改良したこの独身寮には、三十名程の寮生が入っており、南は九州から北は山形県出身の人達が入寮していた。

全国から集められた工卒や大卒の寮生が入り混じった独身寮生活は楽しかった。

寮の食事だけでは足りず一杯四十円の出前ラーメンを馴染みの店から日曜日ごとに取り寄せたものである。

入寮一年目は、お互いが郷里の様子や自分の夢を語り合った。寮の前に生活用水を流す川があり、夏になると蚊が発生するために各部屋に備え付けられた蚊帳の中で夜遅く迄寮生同士で語り合ったものである。

寮のあった町の名が岩塚町だったが、わたし達は藪蚊町と揶揄していた。

岩塚町には豊作を占う「きねこさ祭り」がありこの祭りが地域の人達との交流の場となっていた。

入寮二年目から、理工系の名工大短大部機械科（夜間）に三年間、その後名城大学電気科二部に編入することになり、夜遅く寮に帰る生活となった。

そのため、寮生同士の交流が少なくなり、若者同士の交流も、会社が企画する若手社員の日帰りツアー旅行で知り合う人達に移っていった。

②　仏前結婚式

会社が企画する若手社員の日帰りツアーはいわゆる婚活の場でもあった。ある日職場の同僚が、結婚するために自分の家を持つことにした。土地を買いたいが物件が大きいので一緒に購入しないかと話しかけられた。わたしはまだ夜間学校に通学中であり結婚のことは考えていなかったので曖昧な返事しかしなかった。

ところが将来発展する場所だからと何回も話かけられるので、わたしの父親に相談し見に行って貰うことにした。

父親は、立地として将来高速道路が予定されている土地で値上がりが期待できるが会社から遠い処は止めておけとの助言だった。結局、この土地購入の話が発端となって、通勤に近い庄内川の近くに土地を購入した。そして小さな家を建てることになった。

実家は二人の姉や兄の結婚などで資金援助が出来ない事が解かっていたので、始めから会社の融資制度を利用することに決めていた。

入社してから、六年目の二十五歳になった時、親が半分押し付けの見合い結婚話を持ってきた。

当初は自分で相手を探すとからと強気だったが、家が完成し始めたため現在の妻と結婚することになった。

結婚式は、岐阜の実家での仏式の結婚式であった。

「借金も財産のうち」と割り切り、会社の住宅貸金制度を利用して自宅を持った迄はよかったが、専業主婦の妻にとっては、ローンの返済で生活費が不足する苦労を背負わせたことになった。

実家での仏前結婚式
（昭和３８年４月２７日）写真①

③　銭湯通い

わたし達の新居は、庄内川に架かった万場大橋を渡った処にあった。日常の買い物は、自宅の近くにある八百屋さんと肉屋さんしかなく、スーパーらしきものは無かった。

その頃の多くの女性は着物を着ていた。妻も買い物や風呂に行く時も、オレンジ色の格子模様の着物を着ていた。

義母の躾なのであろう華道や茶道も習っていたらしく、家には季節の花を活け、たまには抹茶を立ててくれることがあった。

新居には風呂場がなかったので、町内に一箇所だけあった共同銭湯に毎日通った。

神田川の歌にあるように「寒い冬には、洗い髪が芯まで冷えて、小さな石けんがカタカタ鳴った♪」そのものであったのである。

ただ神田川ではなく、庄内川だったことがイメージを膨らませることが出来なくて残念である。

義父母から、「女性も手に職を付けることが、生きていく上で大切なことだ」とよく言い聞かせられていた。妻も洋裁学校に通って裁縫技術を身に付けていた。

最初のうちは自分の洋服を、食事支度の合間を利用して縫っていたが、その服を見て近隣の人から「私のも縫って欲しい」と声を掛けられ注文を取るようになった。

口コミや玄関に貼ったチラシを見て、客が増え夜なべすることもあった。

家のローンを抱え、豆腐一丁二十五円当時の生活の足しに少しでもしようとしていたようである。

結婚から五年目に、私が旧ユーゴスラビア（現在のセルビア）に繊維プラント建設のため、長期単身赴任することになった。

そのため、家族が実家でお世話になることになり暫くの間空家となっていた。昭和四十八年、庭付きの家を求めて美和町へ転居することになり、前の家を学習塾として活用することになった。

④　隣人付き合い

新婚夫婦の暮らしを心配して、わたしと妻の両親が時々見にきてくれた。

田舎から何本もの電車を乗り継いでくるので、あまり遠出することのない人たちにとっては大変であっただろう。

田舎から出てくると一日仕事となってしまうため、どうしても農閑期の頃になってしまう。

来る度に、自分たちの田畑でとれる野菜や柿などを持ってきてはわたし達が知らないうちに隣近所に配ってくれていたようで、近所隣の人からお礼を言われ、親切にされたりした。

自宅の前隣は、M重工に関係のある人が鉄工所を経営していた。そのためわたしの家にも上司が良く訪ねて来てくれた。会社での悩み事や自分の希望を良く聞いてもらうことが出来て海外出張候補にも繋がった。

我が家の斜め前隣は、材木屋さんであった。まだ住宅が立ち並ぶ前で、用心が悪いと言って、木塀を家の周囲に張り巡らす手伝いをしてくれた。この家には長女と同じ年頃の子供がいたことから妻と懇意の間柄となったが奥さんが病気で早く亡くなり寂しかった。

⑤ 長女誕生

昭和三十九年十二月、会社直営の病院で待望の長女が誕生した。

出産後、初孫が可愛かったのであろう義母が度々来てくれた。田舎から一番電車で家を出て、終電で家に帰っていったように記憶している。

長女が三歳の十二月わたしの長期海外出張が決まる。

母子だけの生活は、寂しく無用心だからと云う事で妻の実家で長くお世話になることになった。このことが岳父や義母が実質の祖父母であり、妻の弟が長女の兄さんのように面倒を見て呉れた。

平成十六年、長女が結婚。結婚後もこの人達が住んでいる岐阜の実家を毎年訪ねて行くようになった。長女にしてみればこの妻の実家が故郷であり自然豊かなゆりかごの土地なのであろう。

長女夫婦は、中学校の教員をしており共働きのため、わたし達は一人息子の面倒の手助けをしている。

長女夫婦と孫　写真②

第二章　仕事・転機

①　一つ目の転機

わたし達のサラリーマン生活には、二つの大きな仕事上の転機があった。当然妻や長女にとっても大きな生活環境の転機となったのである。

一つ目は、M重工の名古屋機器製作所に入社してから八年目にやってきた。ユーゴスラビア向け繊維・セロファン工場建設の仕事である。このプロジェクトは、ＢＬプラント(旧ユーゴスラビアの都市バニヤルカに建設)と命名され、五年間もの年月を費やすこととなった。その間、妻と長女は妻の実家での生活が始まった。

昭和四十二年十二月、わたしは赴任地に出発する日が来た。当時、田舎では外国に行くことは大変な出来事だった。

バニヤルカへ出発（羽田）
写真③

まるで戦地に行くかのように家族・親・姉妹が羽田空港まで見送りに行くありさまだった。

子供の頃から名古屋に就職するまでは、自分の村から出たことの無かったわたしが、時差八時間もある外国へ行くのだから本人よりも家族たちの心配の方が大きかったのではないか。名古屋駅で会社関係者の見送りを受けてから、わたしたち一行が東京に向かったのである。

いよいよ出発の段となって、マフラーを首に幾重にも巻きつけた長女とロビーで別れるときは、さすがに胸にこみあげるものがあった。いま考えると、昭和十九年の寒い日、義母が戦地に出征する夫を三歳になる長女を抱いて見送った情景と何か重なるような気がする。もちろん戦争と仕事では比較にはならないが、不安と寂しさの混ざる気持ちは同じであったと思う。

渡航ルートは、タイ、ギリシャ経由の南回りであった。タイでは、空港で西瓜が振る舞われ感激したものである。家族の者が「ＪＡＬ機なら、安心でなんも心配ない・・」と言った言葉が、耳に残っている。

ギリシャからは、ドブロヴニクまでＤＣプロペラ機で飛びアドリヤ海をふらりふらりと揺れながら降りて行った。

現地に赴任した翌月、毎年欠かさず聞いていたＮＨＫ紅白歌合戦の録音テープが妻から郵送されてきた。

早速仕事仲間たちと録音テープを聴くことになり感激したのである。家族から送られてくる便りや物資就中インスタントラーメンが待ち遠しかった。

ＢＬプラントは、人絹糸、スフ綿、セロファン紙を製造するプラントで、原料は、現地の会社「ＦＣＶＢＬ」社が製造しているパルプを使用する。

この一大プロジェクトを円滑に推進するため、先発隊が派遣されていた。

その先発隊から送られて来た「セルボ・クロアチア語」のドーナツ盤と市販の英訳本で、現地語を特訓するも現地では殆んど役に立たず、現場の現地人との手真似や口真似により現地語を覚え意思疎通が図れるようになった。正式文書や会議には英語を使うことになっている。正式文書は現場事務所の秘書に依頼するが、緊急の場合やBL担当者への日常的な連絡事項は自分で書く必要があった。そのためドイツ製の小型タイプライターを購入して宿舎で書類を作ったりした。

宿舎は、先発隊が交渉して契約したホテルである。日本食の自炊が出来るフロアーを借り切る方式で娯楽室も用意されていた。娯楽室には日本から送られる雑誌・新聞のほか、囲碁・将棋などが配備されていた。

現地の状況は、日本にいるころから先発隊により刻々知らされていた。主に工場建屋の進捗状況である。工場建屋の基礎工事が完成すると、建屋の屋根、壁や階段が未完成の状態から機器の搬入・据付工事が始まるからである。屋根や壁が出来ていないうちに、大型クレーンで機械を搬入しておかないと壁が出来てからでは搬入出来ないからである。階段が出来ていない処では長い梯子を使って二階、三階、屋上へと登らなければならない。高所恐怖症のわたしには、身の縮む思いであった。工事は、当初の予定より遅れ気味ではあったが、さほどの遅れもなく完成した。

ところが、昭和四十四年十月二十六日の朝、マグネチュウド八の直下型大地震がバニヤルカ市を直撃したのである。地震発生のまさに前日にプラント全体の試運転が開始された直後の出来事である。

この地震により、レンガ造りの多いバニヤルカの市街が崩落し軍隊が出動しての救出が開始された。

我々のプラント工場も煙突が崩落し、機械類が傾くという被害が出た。

機械類は、大型のジャッキ類を使って元の水平に戻す修復策がとられた。結果的に、ＢＬプラントの最終運転引渡しが二年ほど遅れたが無事終了することができたのである。

②　二つ目の転機

二つ目の転機は、昭和五十二年四月東京本社への転勤である。

一つ目の転機で、ある程度英語アレルギーがおさまり、海外業務への度胸もついて来ていたので不安もなく日常の仕事が始められた。

当然妻や長女にとっては、またも大きな生活環境の転換が余儀なくされたのである。

本社での最初の仕事は、エンジンの輸出業務であった。M重工業の相模原工場で生産する産業用の中・大型エンジンや名古屋機器製作所で生産する舶用エンジン・ガソリンエンジンそれにM自動車の京都製作所で生産する農業用エンジンなどの輸出営業である。

当時の輸出先は、石油生産国のオイルマネーを狙って、中近東方面が中心であった。サウジアラビア、クエート、イラン、ＵＡＥ，イエメンなど砂漠地帯の国々である。

これらの仕事をこなすには、どうしても貿易実務の知識が欠かせない。そのため転勤と同時に、夜間の専門学校に通いながらの生活が始まった。以前の夜間大学での苦労の経験が役に立ち生活リズムを崩すことはなかった。

わたしが芋づる人生と言っているように、過去の辛い経験があって始めて次の芽が出て来るものだと実感したのもこの頃でもあった。

中近東向けの輸出業務が一段落してからは、シンガポール、オランダ、米国シカゴにエンジン部品デポの開設業務が待っていた。先ず、本社と各工場とのシステムの構築から始まった。当時は、まだパソコンの普及が始まったばかりでコンピューターの基本言語からの勉強であった。

本社と工場がシステムで継がると今度は海外顧客とのシステム構築である。そのため、海外代理店が散在する主要地域に、アフターサービスを強化するための部品デポを設立することになる。昭和五十九年から昭和六十一年にかけてシンガポール、オランダ、米国シカゴにエンジン部品デポの開設が終了した。この業務が一段落すると、今度は本社業務のスリム化と工場と海外デポの直接取引体制を作ることになり、わたし達は相模原工場に転勤することになる。この頃のM重工は五十五歳定年である。定年時期が近づくに従って、これらの業務を後輩たちに委ね、わたしはエンジン搭載のフォークリフト販売に従事していくことになる。

③　BLプラント工事

BLプラントについてもう少し触れてみる。

この工事は、昭和三十九年、七十億円の円借款を利用した繊維プラント建設の商談をM商事とM重工が中心となって受注した。

機械装置の設計・製作が進められ、昭和四十一年六月から船積み開始。四十二年十一月に船積みが完了している。

ターンキー方式といって、機械装置の現地据付から運転保証まですべてが含まれており、当初は三～四年程度で終了する予定だった。

ところが、機械装置の据付が終わり、最終運転調整に入ったその時期に、バニヤルカの街をマグネチュード八の直下型地震が襲ったのである。

バニヤルカ市の中心街は建物の倒壊の大被害を受けました。市の中心街から、わずか数キロ離れた建設現場では、火力発電設備の大煙突が倒れ、工場の建物も傾き、機械装置が傾くという甚大な被害を受けたのだ。

天災地変とはいえ、今まで、一生懸命に据付した機械装置が一瞬のうちに崩れたショックは計り知れない。

いままで経験したことのない災害復興工事を余儀なくされ、結局、傾いた機械装置をジャッキで水平に据付直すなどの現場対処の工法で、このプロジェクトを完成させたのである。

このプロジェクトに参加した日本人たちは、総勢百三十人にのぼり、協力会社は十八社に及んだ。このプロジェクトに関わった家族や職場仲間を含めると何十倍の人たちが苦楽を共にしたことになる。

旧ユーゴスラビアは、ユーゴ王国が一九四一年にドイツに降伏しその後チトーの率いる共産党のパルチザン部隊により一九四五年に自主管理社会主義国家を樹立した。

ソ連とは、一線を隔すもので、ボトムアップ意思決定の社会主義と言われた。一八九二年生まれのチトー大統領が、七十六歳の時にＢＬプラントの工事が始まったことになる。一九六八年八月にソ連軍のチェコ・プラハ侵攻があり、政治的に緊張した時期でもあった。私服の秘密警察が、蔓延っていた時期だったのである。

最初の入国手続きは、ドブロヴニク経由のベオグラードであった。ベオグラードからバニヤルカへは、長距離バスでの移動である。正午にベオグラードを離れると、農地原野が広がってくる。

電線が地下埋設されているから、電柱がない。農家はまばらで、大地が広がる中をバスが時速百キロで走る。バスは、停留所が近づくと自動車道から一般道に入っていく。停留所は、小さな食堂、土産売り場を兼ねていて、出発時間は、運転手が決めるためうっかりしていると置いて行かれてしまう。その為もあってバス移動する場合は日本人が二人以上一緒に移動するルールを設けていた。バスの中はユーゴ特有の地酒（ラキア）とニンニク付羊肉などの臭が体臭となった異様な匂が漂よってくる。一年毎に与えられる一時休暇帰国の時には、北回りが許されたのでドイツのフランクフルトからユーゴスラビア航空ＪＵ便に乗るとユーゴ臭が懐かしくなったほどである。日本から三十時間かけてベオグラードに着き、六時間かかる長距離バスに乗り込むとその「におい」は最高潮に達する。「ユーゴ臭」の話と対比して日本人の「醤油臭」が話題となる。匂だけでなく日本人の肌の色は黄色、すなわち「黄色人種」と対比してユーゴスラビア人は白人だと得意になる。

ユーゴスラビア人は、五つの民族、即ちセルビア人、クロアチア人、スロヴェニア人、マケドニア人、モンテネグロ人から構成される国で、人口の四十パーセント（一千万人）を占めるセルビア人が云うようにユーゴ人は白人の国なのだろう。

さて高速バスに使われているバスは、ほとんどがドイツ製のメルセデスベンツである。

われわれ日本人指導員が、通勤などに使用する社有車は、米国製の乗用車とイタリア製の乗用車であった。なかでもイタリア製は、中古車のためかよく故障した。

ＢＬプラント関係者の送迎には、これらの社有車を使ってバニヤルカからの距離が短いザグレブ空港を利用する事が多かった。片道が約三百二十キロの距離である。

一車線対面通行の自動車道では、枯草を背丈の二倍以上積んだ荷馬車と遭遇する場合が多かった。荷馬車は小さなカンテラを車の後ろに吊るしているが、道路灯が無いため真っ暗闇の道路を高速で走っていると荷馬車を見落としてしまう。一番危険なのは、枯草を山盛りに積んだ荷馬車には、槍のように長い棒が荷台に固定されていて、荷馬車の後方に突き出ていることである。

もしその荷馬車に後ろから突っ込むと自動車もろとも「串刺し」にされてしまうのである。

居眠り運転をしていなくても、枯草を積んだ荷馬車を遠くから発見するのが難しく「串刺し」になる危険性が高かったのである。

ユーゴの春と秋はとても短い。四月頃まで雪が降り五月になると急に新緑や桃の花が芽吹きして、すぐ夏になる。十月になるともう秋が終わり、長い冬に入るのである。

長い冬の期間は、毎日がどんよりとした曇り空に覆われ晴れた空を見ることは殆どできない。

また冬の寒さは零下二十度C以下にもなる厳しさがある。ある冬の日にベオグラードまで行く用事が出来た。指導員二人がイタリア製の乗用車に乗って往復することとなったのである。

往路は問題なかったが、復路が大変で外気が急に下がり、小雪が降りだした。車のフロントガラスがワイパーと共に凍りついて前方が見えなくなってしまった。

慌てて助手席の一人が、たまたま持ち合わせていたローソクの火でフロントガラスの氷を溶かしながらのドライブとなったのである。

また、冬のバニヤルカは雪が多かった。通勤中の社有車が道路脇にスリップして、通行人をボンネットの上に載せてしまった。幸い通行人には怪我はなく事無く済むことができたが、それ以降は会社の通勤バスを利用する日が多くなった。

④　仕事・転機の思い出

仕事と転機の思い出は語り尽くせない。

M重工業の名古屋時代に、繊維機械関係の製造・組立・据付の仕事に従事し、その後東京本社、相模原製作所時代に、エンジン関係の仕事一筋に歩んできたわけである。

これからは、「軽・薄・短・小」の時代だということで、事業の見直しが行われ、わたしの一つ目の転機となった繊維機械産業から撤退する方向が打ち出されたのである。

これに伴い、人事異動がおこなわれ、わたしは、東京本社へ転勤することになった。

最初の頃は、アラブ諸国のオイルマネーを狙った営業で、最初の仕事は、アラブ首長国連邦向けの舶用エンジンの輸出でした。

アラブ首長国連邦（ＵＡＥ）では、ダウ船に取り付けたエンジンが評判になり現地代理店を通して、多くのエンジンの注文を受けた。

その後、サウジアラビアの砂漠オアシス地帯に、背の低い小麦を栽培する円形農場向けの深井戸ポンプ・エンジンを販売することになり、新しい代理店と取引するようになった。背の低い小麦は、水分の蒸発が少なく、しかも小麦の穂の部分が長い、砂漠地帯向けに品種改良された小麦である。砂漠千メートル以上の地下から、水を汲み上げ、二十四時間で一周するスプリンクラーで円形農場に給水する仕掛けだ。彼らには、いくら金を使っても主食であるパンの原料を自給するのだという戦略がある。

イエメンでは、やはり深井戸用の低速回転のエンジンがよく売れた。

麻薬の一種であるカーツ（一種の潅木の葉）を噛みながらの商談には閉口したものだ。

イランでは現地生産を依託している農業トラクターのエンジン部品を販売するため何回も訪問した。

アメリカには、芝刈り機用の小型ガソリンエンジンが供給されていた。

アメリカ向けのエンジンは、わたしが、中学一年生のとき、英語の先生が乗っておられたエンジン付自転車のものより更に小型で強力になっていた。

わたしの「ものづくり人生」は、中学一年生のときに出会ったエンジン付自転車のエンジンから始まっており、アメリカ向けの芝刈り機エンジンを見て感慨深いものを感じた。

これからは、軽薄短小のものづくりの時代だ。医療用の分子エンジンなど、ナノテクノロジーを使った、いままで考えもつかなかったようなエンジンが生まれるだろう。こうした「極小世界」のものづくりが、日本のものづくりに必要なのだ。スイスの時計と言われるように日本の極小製品と言われたいものだ。

いままでのものづくりは、木材や金属を削り、穴をあけたりして、削り屑を出しながら製品にしていくものだったがこれからは、地球環境にも優しい原子や分子を積み上げていく「ものづくり」で削り屑を出さないものづくりが求められてくる。わたしの仕事上の二つの転機には、妻や娘の支えがあったからこそ乗り越えられたと感謝している。

第三章　妻の引越し苦労

①　借金も貯金

わたし達が結婚したのは、わたしが二十五歳、妻が二十二歳の時で、昨今の人たちは若いと思うかも知れないが当時は普通であった。「鍋釜と食器は男側が揃えるものだ。さらに仏壇・神棚も揃える方が良い」と言って、わたしの父母がこの家に来て整えてくれた。

新居は勤務先の近くの場所と決め僅か十七坪の土地に平屋を建てた。風呂も庭も作れない猫の額ほどの家であったが幸せでいっぱいであった。

翌年、長女が生れ、義母が十二月の寒い季節の中、風呂の湯を沸かして盥の中で赤ん坊を洗ってくれた。

隣が、建設会社の資材置き場で人が自由に出入り出来るため無用心だと言うことで、簡単な塀を巡らせることになり、岳父が先頭立ってブロック塀を作ってくれた。

わたしが、五年ほど海外出張をしていた間、妻と娘は実家で生活をしていた。長期出張から帰った時には、娘も大きくなり最初の新居が手狭になった。そこで永住するための家を持つ決心をしたのが、長女が小学四年生、妻は四十歳になった時であった。勤務地から近く庭付き、車付きの住宅に憧れ美和町の団地の一角に四十五坪程の家を建て転居することにした。岳父がお金の心配をして頭金を融資してくれた。このお金を建築資金にし、一年で返済した。

「借金も貯金の中」という義父の言葉に納得して二度目の住宅ローンを組んだ。

②　単身か引越か

新築した美和町の家には、三年程しか落ち着けないことになる。わたしの転勤が決まったのである。

娘が最初に入学した万場小学校から美和小学校の四年生に転校したばかりで、学校友達も出来ないうちにわたしが東京本社へと転勤することになったのである。

義母が嘆く「娘が岐阜の田舎から名古屋に嫁いだだけでも寂しいのに、また遠くえ離れて行くんかねぇ」と。

最初のころは単身赴任を考えていた。

しかし「東京に行けば色々人生勉強になる体験ができるから」と両親が転居を促して呉れたので一大決心をして転居することとなった。

こうして、東京勤務が始まり、最初の住居となる巣鴨駅近くの巣鴨社宅に入居した。娘が中学生になる進級時に合せて妻と子が引っ越してきた。

慣れない東京生活が始まった。名古屋から車を持って来たその日に交通違反で罰金を取られた。道路標識が名古屋に較べて高いため見落としてしまったのである。

妻は、慣れない買物に戸惑った。ラーメン一杯二百八十円と結婚当時の七倍になっていた。

わたし達は、集合住宅での生活は初めての経験であり、長閑な田舎生活から一転して人混み、騒音の中での生活が落ち着かない。娘の転校手続きや隣人との交流にもとまどいと不安があった。

社宅と隣接して、M重工の創始者である岩崎家の墓所があり、そこには樹齢数百年の銀杏の木があった。

冬になると沢山の銀杏が落ち、その銀杏を社宅のひと達と一緒になって拾ったりして次第に馴れていった。

娘は、ちょうど中学一年生からの転校であったが、小学校の友人が一人もいない環境で、戸惑ったようである。

妻が気を付けてはいたが、田舎からの転校生と云う事でいじめに遇っていたと後で娘から打ち明けられた。

巣鴨社宅には、田舎から親戚の人たちがよく立ち寄ってくれた。

わたし達の仲人も、明治神宮の植樹奉仕に来られたことがあり、ご機嫌伺いを兼ねて、明治神宮まで訪ねて行った思い出がある。

ある日、両家の両親を一度に招待したことがある。

「東京だよ　おっかさん」の歌が流行していた頃で、おきまりコースの皇居の二重橋からスタートして最後は社宅の近くにある巣鴨の「とげぬき地蔵」を案内した。

義母が上京して来た時は、戦死した実の親を偲んで、義母と妻が連れ立って靖国神社に参拝している。

③　四回目の引越し

巣鴨社宅には、八年ほど居住したが、本社業務を相模工場に移すことになり、自由が丘にある社宅に引越しすることになった。

自由が丘には高級住宅や高級品店が多くあり、目の保養にはなったが、ここから相模原に通勤するには朝五時起きで、わたしも家族の者も大変だった。

自由が丘での生活も三年程で、またも相模原の社宅に引っ越す。相模原は、今までとは違って緑豊かで長閑であるが自動車無しではとても不便のため自動車を購入した。

この頃には、娘も国立大学を卒業して教員宿舎に下宿するようになっていた。それで妻も時間を持て余すようになり、パートで働くようになった。

④　定住志願

平成五年にM重工を定年退職して、千葉のフォークリフト販売支店に出向して働くようになり、千葉市幕張本郷に転居することとなった。幕張メッセ建設中とはいえ回りは畑ばかり、道路も砂利道とふる里の景色に似てのんびりした気分になった。海からの浜風で海苔の匂いと洗濯物が生乾きで困ることもあった。

六回目の引越しでさすがわたしも妻も定住を考えるようになった。

平成四年、バブル崩壊前の高い値段で勤務先に近い江戸川区にマンションを購入することになったのである。

自宅マンションには、義母も岳父も数回ほど来て呉れた。東京見物は何度も招待していたので成田山新勝寺にお参りすることにした。まだ幼かった孫たち三人をつれて来てくれた。成田山では、立ち並ぶ出店で孫たちと買い物をしていた義父母の嬉しそうな顔が浮ぶ。

その孫の一人も、今は結婚し二児の母となって現在文京区に住んでいる。娘夫婦と孫は、江東区の亀戸天神の傍に住んでおり、親族が近くに出来たことで漸くこの広い東京に根付いた安心感を覚える。

三年程前、浅草の浄土真宗東本願寺に建墓もした。

昭和五十二年四月に名古屋を振り出しにいろいろな地域で居住し、夫々の土地柄を体験し生活出来た事がわたし達の心身の財産として役立っている。東京へ転居することを勧めてくれた両親に感謝する次第である。

妻の実家にて
（長男夫婦の子供たち）写真④

第四章　両親を亡くして

①　義母の法要

時を経て義母の一周忌法要に、わたしと妻が参列した。昨年二月に他界した義母の法要である。葬儀のときは、気付かなかったことが、時を経て改めて故人の想いが忍ばれる。

振り顧ってみると、次男であるわたしが実家を離れてからは、自分の両親に加えて、結婚後は、岳父や義母の世話を受けることが多かった。

平成二十二年十月十二日に義父が九十四歳で他界し、平成二十六年二月十三日に義母が九十四歳で他界した。二人共に九十四歳で亡くなったことに、何か申し合わせていたかのような錯覚に陥る。

義父母と生前に言葉を交わしたことがある。

「あんたの、お父さんは何歳で亡くなられなさった？」

「八十四歳だったかな」

「じゃあ、それより十年は、生きなあかんなぁ」

「そうですよ。十年と言わず、それ以上にね」

これを、聞いていた義母が。

「そうじゃなも、二人ともおかげさんで、元気じゃから、長生きせにゃならんなも」と。

義母は、実家である松久家から愛国行進曲が流れる時代に舅と姑、小姑五人という大家族の小森家に嫁いで来た。嫁いでまもなく夫を戦地に送ることになる。

義母の長女である、わたしの妻が三歳の時である。

わたしも、三歳頃、父が出兵して帰還した時には、大泣きして寄り付かなかったと母から聞いたものだ。幼い頃のことは、わたしも妻もあまり記憶に残っていないのだ。

悲しいかな、義母の夫は、昭和十九年九月五日に中国にて戦死と言う訃報に義母は生きる気力を失う。

悲しさのあまり長女を背負って実家に戻ろうとしたが叶わず泣ながら戻ったとも聞いている。

今も、中之元村立の共同墓地に十一柱の英霊と一緒に眠っている。盆の墓参りには、小森家の先祖代々の墓とともに必ず英霊小森丑雄にご挨拶をしている。

その後、京都の染物工場で働いていた、次男の正己すなわち後の岳父と再婚し、小森家を後継することになる。

その後長男が生まれ、妻が十一歳の時に姉弟となった。

その長男が、小森家を継ぎ、今回の法要を立派に勤めあげた。長男には三人娘がおりその一人には曾孫がいる。

②　直会余話

法要は、村の浄土真宗の住職によって執り行われた。親鸞上人を宗祖とする「浄土三部経」が読経される。最初に「仏説無量寿経」次に「仏説感無量寿経」最後に「仏説阿弥陀経」と長時間の読経が続く。参列者は、長男夫婦と孫・曾孫並びに、妻とわたし、それに義母の弟・甥と義父の甥・姪たちが参列した。

読経の後、住職が故人について、その思い出や人柄などを偲ばれた。八十路の住職は、若い頃、学校の「社会科」の教師をしていた時期があり、参列した親族の中には住職の授業を受けたと言う人もあり話が弾んだ。

法要の後に振舞われた、直会（なおらい）の席でわたし達は義母の想い出などを時間が過ぎるのを忘れて語り合った。

義母の法名は、住職が命名するが家族の気持ちが反映された法名である。

義母は戦後の混乱期に、小森家の小姑を何人も嫁がせ、昭和二十七年には、長男を背負いながら、いままでの萱葺きの家から、二階建瓦葺きに普請するため、材木を求めて奔走するなど働き通しの人生だった。だから「あの世では楽にさせてあげたいという思いが込められている」と言うことである。妻が中学生のころの新普請になる。

話が進むにつれて、妻が幼少の頃は、田んぼの畦に藁製の籠に入れられていたとか、小学生の頃家族全員が農作業で留守のときに病床の祖父から氷が欲しいと言われて食べさせたところ美味そうに喜んで食べたが暫くして震え出し必死の思いで家族を呼びに行ったこともあったなど話が弾んだ。

　農繁期には学校を休んで農作業を手伝わされ、バレー部の部活動にも行けなかったと妻の苦労話も飛び交った。義祖母にも話が広がった。信仰の深い人だったので誰かと言い争うようなことはなかったが、農繁期の最中でも、寺神社へお参りに行き姿を消すことがあった。

このことだけが、家族には不満だったようである。今は廃線となってしまった単線の私鉄電車にのって、西国三十三番目の札所の谷汲山華厳寺によく行かれたのである。

③　介護施設

　義父が入所していたのと同じ介護施設に義母も入所し、

孫や曾孫の見舞いを受けて喜んでいた。

義母が、入所していた介護施設には、わたしの娘夫婦と孫が、毎年夏休みに飛騨旅行を兼ねて見舞いに訪れた。

娘が三歳の時、わたしの海外出張の期間に妻と娘が実家でお世話になっていたので娘にとってはここが故郷であり義父母が「じじ・ばば」なのだ。

義父母が介護施設にお世話になったのは、米寿を過ぎてからであった。義父は、おとなしい人で「大声を出す」など施設に迷惑を掛けることはなかった。しかし「自分の家に帰りたい」と見舞いの度に妻によく言っていたそうでそれが心残りであるという。

義母は「自分の家の部屋には、何時でも帰れるかよ」と聞くだけで、帰りたいとは口に出さなかった。

亡くなる一年ほど前、義母が、妻に聞いたそうだ「わし

やぁ　地獄に落へんやろか」と。妻はすかさず「心配せんでもいい。南無阿弥陀仏を唱えていれば阿弥陀さんがみんな極楽に連れ行って下さるから」と言うと「そうかよぅ」と妻をじっと見つめながら安心したようだった。

義母がなぜそのようなことを聞いたのかは、知る余地もないが「あの時、なんでそんなことを言うの？」と聞き返せば、その理由が聞けたかもしれない。しかし、本当の理由は言わなかっただろうし、そのような質問は、本人に対して酷な質問だから妻の返事が正解である。

わたしの父母は、当時は村の近くに介護施設が一軒もなかったこともあって自宅で長男夫婦が面倒を見てくれた。

父が「七十歳を過ぎると、躰がいうことをきかんなぁ」とよくぼやいていたのを思い出す。父を病院で妻と一緒に夜通し看病したことがある。その時「夕べ、わしらが軍馬を背負って山を降りた夢をみたんじゃ」と中国に出兵してくれていた当時のことを思い出しながらか細い声で語ってくれたことを覚えている。人は自分の人生の中で一番辛かったことが、死期が近づくと思い出すのかも知れない。

平成二年九月十二日に八十歳で亡くなったわたしの母は、晩年には腰が九十度ほどに曲がって、上を向いて寝られず、横向きしか寝られなかった。父が、村の世話役に手間暇を取られていたため、その穴埋め農作業をしていたためかも知れない。

④ 英霊

妻はバンザイが嫌いだと言う。作家の半藤一利氏は花火が嫌いだと言う。バンザイは出征した父のことを思い出し、花火は焼夷弾を思い出すからだそうだ。

戦争遺児の妻は父である小森丑雄の顔を写真で知るだけで記憶がない。にくい悲惨な戦争のことは触れたくないと言う。三歳から一緒に暮らし始め育ててくれた義父母が唯一の親だと思っている。

わたしが妻の反対を押し切って、英霊小森丑雄の事を知りたがったのは、墓標に刻まれた「中国湖南省にて戦死」の一行だけでは、この世に生を受けた人としての尊厳が無視されてしまうと思ったからだ。

戦争遺児と知られたくない、忘れる事が幸せなのだとして名乗らない人が大勢いるだろう。でもその葛藤を乗り越えることが戦争という過ちを二度と繰り返さないために自分の周りの人や孫を含めたこれからの人に何らかの光を与える貢献になると思うのである。

わたしの独断と偏見で英霊の足取りを追ってみた。

小森丑雄は、大正二年四月二十日祖父小森久太郎と祖母せんの長男として生まれた。昭和十五年義母松久つじゑと結婚し昭和十九年長女が三歳のとき出征した。総勢十二人の家族と村人に混じって着物を厚着した妻が一生懸命に日の丸の小旗を振って見送った。村の守護神社を後にしてローカル単線の電車揖斐線に乗って福井に向かった。福井訓練地が遠いため義母は慰問にも行けなかった。

しばらく陸軍歩兵隊としての訓練を受けてから、鉄道で一路西に向けて移動し門司港から船で中国の大連に渡った。

その頃中国の関東軍は、昭和十九年四月から「大陸打通作戦」を展開中で大規模な歩兵聯隊が編成された。

丑雄の所属した隊の連隊長は大野町役場の原戸籍簿によると岐阜県聯隊司令官吉田弘であった。

吉田司令官の昭和二十年十月十五日付報告によると「小森丑雄は、昭和十九年九月五日時刻不明中華民国湖南省方面に於いて戦死した」となっているだけで遺髪も遺骨もなく、それ以上のことの報告は何もかった。

丑雄が戦死した九月は、秋風が吹いて中国の平野に点在する短い溝梁（クリークという）の水に浸かり、高粱飯（こうりゃんのにぎり飯）だけの空腹と飢えに襲われ長時間行進しながらの敵との戦いであった。

この戦いの相手は蒋介石軍で、毛沢東軍ではなかった。

「大陸打通作戦」は、一応初期の目標を達成したが、終戦十ヶ月前の情勢ではその手柄も水の泡となったと記されている。英霊小森丑雄のL版写真を昭和二十一年に義母つじると再婚した岳父が準備してくれて実家の仏間に飾ってあった。岳父は、晩年になって身辺整理の理由でその写真などを妻に預けた。

昭和六年の満州事変に始まる昭和十二年からの日中戦争を欧州・米国が非難し南方からの石油・鉱石の入手ルートを妨害。そのため海戦直前まで日米で交渉をしてきたが満州国からの撤退を迫るハル・ノートは軍部が呑める内容のものではなかった。民意が優先する民主主義国の米国を急襲すれば戦意が喪失するだろうと連合艦隊司令長官山本五十六の真珠湾攻撃始まる。物量に勝てる相手ではないことを十分知っていた指導部が、大和魂なる精神論を振りかざし敵国の民意を読めないまま突進したのがこの太平洋戦争でわたし達に辛い思いをさせたのである。

⑤　弟との別れ

弟が出張で東京に来たときには、巣鴨社宅によく立ち寄ってくれた。日本車両の出張所が近くにあったのである。

弟が訪ねて来る日には、彼の好物である秋刀魚の塩焼きや焙りスルメなどを妻が用意してくれた。それに寂しがり屋の弟には一升瓶を忘れずに出すのが我が家の習わしになっていた。その弟が、平成二十四年八月十八日に逝った。前日の夜に一才半の孫と一緒に風呂に入って元気だったが、十八日の朝食をすませて、ちょっと二階で寝てくるといって上がっていった僅か一時間ぐらいの急変だったという。たまたま里帰りしていた長女が、枝豆がゆで上がったということで、二階の父を起こしに行ったところ様子がおかしいことが判った。救急車を呼んで、人工呼吸を続けたが病院で死亡が確認され、あまりにも急なことで、家族は勿論、親族も耳を疑う始末で連絡を受けても真意を疑うほどであった。弟と最後に逢ったのは、亡くなる一週間前に母の法要が営まれた場のことであった。

淋しがり屋で酒好きの弟が、六十四才という若さでこれからが楽しく余生を過ごせる筈だったのにとても残念で涙が溢れ命の儚さを思い知らされた。

葬儀は、愛知県豊川市の「森のあかり」葬儀場で、わたしの兄が読経の導師を務め家族と参列者で見送り無事に終わらせることが出来た。

在りし日の弟（右側）

2009/11/22 撮影　　写真⑤

第五章　戦後七十年

①　平成二十七年

戦後七十年の節目の年を迎え、天皇陛下は、戦没者追悼式のお言葉で「先の大戦に対する深い反省と共に、今後、戦争の惨禍が再び繰り返されぬことを切に願い、世界の平和と我が国の一層の発展を祈ります」とのべられた。

陛下は、十一歳の時、疎開先の日光で終戦を迎え、東京の惨状を目の当たりにされている。

わたし達夫婦は、陛下より年下で終戦を迎えており、あの戦争を知る世代として特別な想いがあると共に、後世の人達に伝えて行く責務を感じなければならない。

国民一人一人が、近現代歴史についてもっと教育を受けていれば現在に至って、中国や韓国間とのわだかまりとなっている「靖国問題」「慰安婦問題」等を正しく理解出来るのだと思う。長年に渡り洗脳された情報は、次の洗脳を生むため、本当の正義を後から追うことは難しい。

政府が纏めた、戦後七十年談話は、日本の取るべき方向として、歴史に関する理解を深める、国際秩序を支えるため貧困の削減、環境・気候変動対策、文明間対話の促進など盛り沢山の提言をしているが、これらの事をやり遂げる若手の人材育成こそが緊急の課題である。

②　戦没者追悼式

平成二十七年の戦没者追悼式に参列した約五千人の六

割が戦没者の子供だった。戦没者の配偶者は、たったの十五名だったそうである。

義母の納骨を機にして、先の戰爭の資料を調べるにつれて「そうだったのか。そんなことは知らなかった」ということばかりで、今迄の無関心さに申し訳ない思いがする。

わたし達が名古屋から東京に転居した頃、巣鴨社宅に両親たち一行が遊びに来て靖国神社に参拝した。

その時父親が巣鴨刑務所は何処だったと何回も尋ねたことを思い出す。巣鴨プリズンは豊島区西巣鴨（現在の東池袋）にありサンシャイン化された中央公園に慰霊碑がある程度の説明しかできなかった。

靖国神社に参拝しながら、父が同郷の人がアリューシャン諸島のアッツ島で玉砕したときの様子や特攻隊、人間爆弾「桜花」、人間魚雷「回天」の話を語った。A級戦犯十四人の合祀については口を閉ざした。

この戦争で、義母が戦没者遺族妻となり、その重荷を背負ったまま、平成二十六年二月にこの世を去った。

義母の死去に伴い、実家から岐阜県遺族会の新聞が送られて来た。始めて読む新聞から、全国遺族会の組織や全国戦没者追悼式の内容を知ることにより「戦争の悲惨さ、残酷さを次世代に伝えて行く役目」が戦争遺児としての妻や配偶者にあることを感じたのが自分史を書くきっかけとなっている。

③　岐阜・大垣空襲

東京大空襲など大都市の空襲については資料が豊富で

あるが地方都市のものは少ないので調べた内容を書き留めておきたいと思った。わたし達の村から近い岐阜・大垣空襲は、わたしが七歳で妻が四歳頃である。

　わたしが覚えているのは、軍服の兵士のことだ。家の前の田圃に臨時の探照灯を敷設する兵士に怒られた。

「坊主邪魔だ！」

「この電線に触ると死ぬからな！」

「さあ、あっちへ行け」

　兵士二人は、わが家の前にある道路わきの電柱から電線を引張り近くの田圃へと敷設する最中だった。

　ここから十数ｋｍ先にある岐阜市や大垣市に向かう爆撃機を照らし出し高射砲隊の支援をするのだ。

　昭和二十年年七月九日の夜中十一時頃、紀伊半島東部の熊野灘附近から百機以上のＢ２９爆撃機が、琵琶湖付近で方向を変え関ヶ原を通って岐阜市上空に編隊を組んで侵入したと言われている。

　最初に照明弾を落とし、狙いを定めて焼夷弾を落とす。真砂町の川西毛織が焼け、続いて岐阜駅周辺が火の海となった。次々と飛んでくる編隊は、忠節橋や長良橋を攻撃し、約二時間で岐阜市中心部を焼け野原にして飛び去った。

　長良川沿いにあった岐阜市鏡島の高射砲基地から撃墜したと言う情報は見当たらない。

　被害状況は、資料によりまちまちであるが死傷者二千人、全半壊家屋二万戸、羅災者十万人とも言われる。

　大垣空襲は、岐阜空襲より二十日後であった。戦前より、揖斐川電機、鐘紡紡績、近江絹糸などの工場があったため、七月二十九日の空襲で死傷者百五十人、全半壊家屋三万戸、羅災者三万人となっている。

岐阜・大垣空襲に続き、一宮市、川崎航空と飛行場があった各務原市、地場産業の多い多治見市、関市さらには文化遺産の多い高山市まで空襲の標的にする予告ビラがあちらこちらに投下されたと記録にある。

空襲に使われた焼夷弾は、Ｅ４６、Ｍ４７集束焼夷弾といわれ、地上千五００メートルの高さで集束されていた焼夷弾を分散し広範囲に焼夷弾を撒き散らすものである。

中東戦争で使用されたクラスター爆弾と似た効果があり今では国際的に使用が禁止されている。

空襲は灯火管制の行われていた夜が狙われた。灯火管制下であるから裸電球を電気傘もろとも黒い布で覆い電球の光が外に漏れないようにするのである。

明るい内に風呂や夕食を済まして早寝をした。

空襲は殆ど夜だから四秒鳴らし八秒休止を十回くりか

えす空襲警報や一打ち四連打の半鐘も聞かされないまま、突如として「ドカーン」という爆弾の音に飛び起き竹やぶの防空壕に逃げ込む。

農家の北側には、冬の北風を遮るために竹林があった。竹の根っこが、地面をきめ細かに張り巡らせるので竹林の中に防空壕が掘られていた。高さは僅か子供の背丈で、中には筵が敷いてあるだけだ。湿っぽくて、ねずみや百足、蛇がいつ出てくるかと心配しながらの避難であった。

④　名古屋空襲

M重工に入社した者として名古屋空襲について無関心ではおられないので資料を調べた。名古屋市への初空襲は、昭和十七年年四月十八日から始まったとされている。

一般には、特に市街地を標的として大規模に行われたものを名古屋大空襲と言い昭和二十年三月十九日に名古屋駅が炎上し五月十四日に名古屋城が焼失した。

名古屋市に対する本格的空襲は、昭和十九年十二月十三日飛行機のエンジン・部品を作っていた三菱重工業名古屋発動機製作所大幸工場でＢ２９爆撃機によるものであった。その日は風向きにより爆弾は工場に命中せず、周辺の民家に着弾、多くの民間人が巻き添えになった。米軍はその後も六回にわたり執拗な攻撃を繰り返し工場は壊滅した。そして「東洋一の動物園」といわれた千種区の東山動物園も爆撃された。爆撃で破壊された飼育施設から逃げ出さないよう多数の猛獣類が殺処分されたのである。

いわゆる「戦時猛獣処分」である。

当初の空襲は、昼間に軍関連の工場や名古屋港などの産業施設へ通常爆弾による精密爆撃を中心に行われていたが、昭和二十年に入ってからは他の都市同様に、焼夷弾による市街地の人口密集地に対する無差別爆撃が始まり、それまでの昼間の一万メートルの高高度からの攻撃から、夜間の高度二千メートルの低空からのそれに変わった。

三月十二日の夜、名古屋市の市街地に対する大規模空襲が行われ、市街の五%が焼き尽くされた後、同月十九日の午前二時頃大規模空襲が行われ、一夜にして八百人が死亡し家屋四万棟が焼失した。この日の空襲で中区、中村区、東区などの市中心部は焼け野原となった。

名古屋城の金の鯱を戦災から守るため地上に下ろす作業が行われ、櫓を使って雌の鯱が城の二層部分にまで下ろされていた。

勤労学徒らが既に仕事を始めていた午前七7時に空襲警報が鳴った。日本の木造民家を無差別に焼き払うための焼夷弾を満載してマリアナ諸島基地から相次いで出撃したのである。その数約五百三十機が紀伊半島を縦断して琵琶湖上空で集結した後、名古屋に向けて進路を定め名古屋市北部から爆撃をはじめた。

間もなく名古屋城天守閣も複数の焼夷弾を受けて炎上、焼け落ちた。天守閣の炎上は報道統制下では異例の全国的なニュースとなった。

六月九日には、日本海軍向けの攻撃機、爆撃機、水上機等を製造していた愛知航空機を目標とした熱田空襲が行われ、約二千人が焼け死んだ。

その後も空襲は続行され、名古屋市は日本の他の大都市と同様に壊滅的に破壊された。

八月七日には豊川市の豊川海軍工廠が爆撃目標とされ、二千五百人に及ぶ死者と一万人をこえる重軽傷者を出した。このなかには多数の動員学徒や女子挺身隊員が含まれていた。また、強制連行の朝鮮人も働かされていた春日井市の陸軍造兵廠が陸軍最大の工場であったことから激しい爆撃を受けて廃墟となった。同日、三機のＢ２９によって愛知県挙母の豊田自動車を狙った三発の模擬爆弾が投下され死者こそ出なかったが、工場には大きな被害を被った。名古屋城が再建されたのは昭和三十四年。約二年の歳月をかけ、四億円が費やされた。

「注：岐阜・大垣空襲と名古屋空襲の資料は公開のインターネット情報から引用した」

⑤きけわだつみのこえ

図書館でボロボロになったこの単行本を手にしたとき、わだつみ（海の神）の声に触れた思いがして手に脂汗が滲み出た。日本戦没学生の手記を載せた本である。

昭和十九年十月に始まった特攻隊は、フイリピンレイテ島に二十万人の米兵を相手に決戦場となった。

この時すでに戦況は敗戦に向かっていたが無条件降伏は避けたいと言う軍部の思惑から、二十歳の棺桶と揶揄される作戦が強行されたのである。

表向きは志願した兵士と言うことになっているが命令を受けて「戦場に行くことになった。父母よ、さようなら」の声を残して四千五百人もの若者が空に散った悲劇だ。

出発前は「鬼のように目がギラギラしていた」「飛行機

にロープで縛った」「海軍に先をこされ、慌てて陸軍も特攻隊を編成した」「陸軍作戦部長の宮崎周一は、終戦に持って行く任務しか考えていなかった」「作戦秘録には人間爆弾のベニヤ板船（震洋）や人間魚雷（回天）などがあった」「特攻の戦果は、偽りの報告が多かった。戦果の確認は、戻らなかった者からは聞けない」「特攻作戦が大規模となり訓練無しの若者が飛び立った」

読み進めるうちに自分の頭がおかしくなってきた。戦争の本質を見せつけられたからである。

「白鳥は血潮にぬれて天くだる。機をおしつつむ弾幕のなか」岡野弘彦が同級生だった特攻隊員が敵艦に突っ込む最期を読んだ短歌である。

⑥　玉音放送

村の世話で殆ど家にいなかった父が、突然家に帰るなり、八畳間の部屋に駆け込んだ。

「みんな早く来い。これから重大放送があるらしい！」

隣の部屋から、ラジオのコードを伸ばしながら、仏壇の前に座布団を敷いて、その上にラジオを据えた。

正午の時報が鳴り、続いてアナウンスが始まった。

「只今より重大な放送があります。皆様ご起立願います」

「これより謹みて玉音をお送りします」と玉音放送が始まったのである。

「朕深ク世界ノ大勢ト帝國ノ現状トニ鑑ミ非常ノ措置ヲ以テ時局ヲ收拾セムト欲シ茲ニ忠良ナル爾臣民ニ告ク朕ハ帝國政府ヲシテ米英支蘇四國ニ對シ其ノ共同宣言ヲ受

諾スル旨通告セシメタリ抑〻帝國臣民ノ康寧ヲ圖リ萬邦共榮ノ樂ヲ偕ニスルハ皇祖皇宗ノ遺範ニシテ朕ノ拳々措カサル所曩ニ米英二國ニ宣戰セル所以モ亦實ニ帝國ノ自存ト東亞ノ安定トヲ庶幾スルニ出テ他國ノ主權ヲ排シ領土ヲ侵スカ如キハ固ヨリ朕カ志ニアラス然ルニ交戰已ニ四歳ヲ閲シ朕カ陸海將兵ノ勇戰朕カ百僚有司ノ勵精朕カ一億衆庶ノ奉公各〻最善ヲ盡セルニ拘ラス戰局必スシモ好轉セス世界ノ大勢亦我ニ利アラス加之敵ハ新ニ殘虐ナル爆彈ヲ使用シテ頻ニ無辜ヲ殺傷シ慘害ノ及フ所眞ニ測ルヘカラサルニ至ル而モ尚交戰ヲ繼續セムカ終ニ我カ民族ノ滅亡ヲ招來スルノミナラス延テ人類ノ文明ヲモ破却スヘシ斯ノ如クムハ朕何ヲ以テカ億兆ノ赤子ヲ保シ皇祖皇宗ノ神靈ニ謝セムヤ是レ朕カ帝國政府ヲシテ共同宣言ニ應セ

シムルニ至レル所以ナリ
朕ハ帝國ト共ニ終始東亞ノ解放ニ協力セル諸盟邦ニ對シ遺憾ノ意ヲ表セサルヲ得ス
帝國臣民ニシテ戰陣ニ死シ職域ニ殉シ非命ニ斃レタル者及其ノ遺族ニ想ヲ致セハ五内爲ニ裂ク
且戰傷ヲ負ヒ災禍ヲ蒙リ家業ヲ失ヒタル者ノ厚生ニ至リテハ朕ノ深ク軫念スル所ナリ
惟フニ今後帝國ノ受クヘキ苦難ハ固ヨリ尋常ニアラス
爾臣民ノ衷情モ朕善ク之ヲ知ル然レトモ朕ハ時運ノ趨ク所堪ヘ難キヲ堪ヘ忍ヒ難キヲ忍ヒ以テ萬世ノ爲ニ太平ヲ開カムト欲ス
朕ハ茲ニ國體ヲ護持シ得テ忠良ナル爾臣民ノ赤誠ニ信倚シ常ニ爾臣民ト共ニ在リ
若シ夫レ情ノ激スル所濫ニ事端ヲ滋クシ或ハ同胞排擠互

ニ時局ヲ亂リ爲ニ大道ヲ誤リ信義ヲ世界ニ失フカ如キハ
朕最モ之ヲ戒ム
宜シク擧國一家子孫相傳ヘ確ク神州ノ不滅ヲ信シ任重ク
シテ道遠キヲ念ヒ總力ヲ將來ノ建設ニ傾ケ道義ヲ篤クシ
志操ヲ鞏クシ誓テ國體ノ精華ヲ發揚シ世界ノ進運ニ後レ
サラムコトヲ期スヘシ
爾臣民其レ克ク朕カ意ヲ體セヨ
御名御璽昭和二十年八月十四日内閣総理大臣鈴木貫太郎」

四分三十秒に亘る玉音盤は、戦後七十年の節目にあたる平成二十七年八月一日に一般に公開された。

玉音は天皇の肉声のことで、天皇の独特の節回しや声の高さは、国民の誰もが始めて聴く現人神のお告げみたいなものであった。

詔書が録音盤放送された後、再び君が代が奏楽され、玉音放送と同じ内容がアナウンサーによって奉読されたが、詔書の内容はよく解らなかったと言う国民が多かった。

放送を広く伝達させるため、通常十kWに規制されていた出力が六十kWまで増力され、晝間送電が規制されていた地域にも特別送電された。更に短波により中国占領地、満州、朝鮮、台湾、南方地域に放送された。

昭和二十年八月十四日の御前会議に於いて、内閣総理大臣・鈴木貫太郎が天皇の判断を仰ぎポツダム宣言（無条件降伏）の受託を決定したいわゆる聖断は、中立国のスイス及びスエーデン駐在の日本公使館を通じて連合国に伝えられたとされる。

御前会議後、陸軍の一部が徹底抗戦を唱えてクーデターを起こし放送用の録音盤を実力で奪取しようとした「宮城事件」が起きたが失敗に終わった。

この事件を半藤一利の原作に基づき「日本のいちばん長い日」として今年八月に映画上映された。

玉音放送のあった昭和二十年年八月十五日を「終戦記念日」としていつまでも戦争の悲惨さや名も無き一般国民に与えた心の傷がいかに根深いものであるかを語り継いで行くことが必要である。

戦後の混乱時期には、様々な「流言」が横行し、これらが心の傷を大きくしたとも云われる。

わたしの村でも占領軍が「次男以下の子供を皆殺しにする」と噂が飛び交い、次男であるわたしが慌てて小学校の相撲場に掘られた深い穴を見に行った覚えがある。その穴は刀剣などを埋める穴だとわかりほっとして家に帰ったことを覚えている。

第六章　晩節を趣味で楽しむ

①　小さな旅

平成二十五年四月金婚式を迎えた。その記念にと話合い「熊野古道」への小さな旅を楽しんだ。「熊野路を　ものうき旅と思うなよ　死出の山路でおもいしらせん」の御詠歌が目裏に残っている。娘夫婦が共稼ぎで夜遅くなるため、小学生の孫の面倒を見ている関係で、なかなか日程が思うようにならない状況下での熊野古道巡礼となった。海外旅行は、若いうちにと言うことで五十五歳から六十五歳頃までに妻と一緒に欧州、中国、東欧、カナダなど行きたいところに行っていたので、最近は国内の小さな旅を楽しんでいる。旅はお金の上手な使い方で、人生の幅を深め心の深みを培ってくれると思っている。

②　カルチャー教室

自宅のある江戸川区は、カルチャー教室が盛んである。高齢社会を迎えるに当たって、老人医療費を少しでも削減する必要に迫られているからとの理由で老人たちが、寝たきりにならないようにする目的である。

家に閉じこもらず、カルチャー教室に通うことにより、足腰の運動と人との交流が活発になり健康が維持出来ると言うわけだ。

「教育（今日行くところがある）。教養（今日中にやる用事がある）」教育と教養を大切にするのだそうだ。

妻の趣味は、アメリカンフラワーから始まり、詩吟、習字、リズム体操といろいろやって来たが、詩吟と習字が最終的な趣味になったようである。

私はと言うと、小盆栽から始まり、尺八作りを経て木版画、表装、水彩画、パステル画と渡り歩き、最終的には、尺八と木版画に絞り込みたいと思っている。

カルチャー教室は、講師料を江戸川区が負担、本人は教材費のみ実費という制度で、この制度を大いに利用して自分一人で出来るように精進している。

運動面の趣味も持たないと心身のバランスが取れないと考え、最近になってバードターゲットゴルフをするようになった。現役時代には招待ゴルフを強いられていたのでゴルフと名の着く運動に興味があった。

夫婦で創る絵画、習字などの作品が増えるようになり、いずれはそれらの処分に困ることになり兼ねない。

そこで親族やカルチャー仲間などに、わたし達の作品が欲しいと言われるような作品作りを目指しているわけである。作品を貰ってもらえる喜び・楽しさを味わってみたいものだ。

目や手に触れることができる作品はそれで良いわけであるが、詩吟や尺八は目に触れ手に触れられない。

作品をＤＶＤやテープに残すまでは考えられないし実力も伴わない。そこで親族の集まりや介護施設などで、下手ながらも積極的に披露しようと考え、聞いて下さったひと達の心に記録して貰うようにしたいと思っている。

③ 出前披露

最近は、小学校の総合時間の授業や介護施設での慰問に二人ともが足を運ぶようにしている。つい最近、小学校三年生の詩吟授業に妻が先輩の補助者として参加するようにと頼まれた。

「ある学校から、六十分の詩吟授業を頼まれたの。手伝ってくれないかしら」

「先輩の補助なら出来るかもね」

「大丈夫よ、やってくれる？」

「詩吟仲間の大先輩からの話だから、断れないわね」

ということで当日を迎えた。

「起立。礼。これから詩吟の勉強をします」

先輩がハキハキと小学生たちを指導し始めた。先輩は現役時代に小学校の先生だったのである。よそ見している児童がいると、バシバシ注意して授業に引き込んで行った。

妻も先輩の迫力に引きずられて、言われるままに一吟を披露したとのことだ。授業が成功裏に終了してほっと一安心したようである。

わたしの経験は、尺八の師匠が行きつけの介護施設から尺八演奏を頼まれて、わたしに補助役を依頼された。

師匠は、尺八を吹く前に「ひょっとこ踊り」を披露して、認知症の進んだ老人の手や肩に触れながら自分の方に注意を引き寄せることから入っていかれた。

すると、童謡を尺八で吹くころには、それらのひと達が尺八に合せて一緒に歌いだしたのである。その人達と別れる頃には自分もすっかり認知症の言葉で楽しんだ。

妻も同じようなことを考えていたようで「南京玉すだれ」

や「ひょっとこ踊り」を習いたいと言い出した。

介護施設の老人たちには、本来の目的である尺八の披露だけではなく、手品なども披露できるように余興力が大切だなあと痛感している次第である。

④　宗教・お布施

わが家の宗教は、浄土真宗である。子供の頃の元旦には、家族全員が朝四時に起床して新しい下駄を履いて三箇所にあった村の鎮守神社にお参りするのが慣習だった。お参りから帰ると仏壇の前に全員集合し父が、導師をつとめて読経がはじまる。通常は、正信偈だけを読経するが、元旦の日は特別だ。

正信偈のほかに、現世利益和讃が加わりお務め時間が平日の二倍以上に長引くのである。それでも我慢してずっと正座を続けていたものである。

現世利益和讃は、子供にも解り易く読み上げる節に親しみがあってわたしの好きな経典である。喜寿となった今でも正月には必ず妻と一緒に読み上げる。「南無阿弥陀仏をとなふれば、三世の重障みなながら、かならず転じて軽微なり」などわかり易い経典である。

通常の正信偈は、親鸞上人が浄土真宗の根本となる南無阿弥陀仏のはたらきを明らかにされた聖教で自宅にある小さな仏壇の前で唱える。

父から教わった、宗教心を大切にする生き方は、喜寿を迎えた今になっても感謝すべき教えだったと思っている。

お布施は「仏教で僧に金品をほどこす」と辞書に出てく

るが、僧だけでなく広く故郷や社会への寄付の精神のことだと思っている。こんな考えで故郷の神社に平成二十一年兄や弟と一緒に幟柱を寄進することにした。

平成二十七年、母校の鶯小学校に邦楽授業用として尺八一管を寄進する。

村の鎮守神社へ幟柱寄進　写真⑥

第七章　じじ・ばば奮闘記

ここからは、わたし達の初孫体験記である。

平成十七年二月五日に誕生した宗形拓典が、小学校一年生になったのを記念して狂俳にしてみた。

狂俳は、出題された「題」に七、五調の十二文字の句をつけるもので、世界一短い文芸と言われている。

わたしの出身地である岐阜県濃尾地方が盛んで、岐阜公園の一角に「狂俳発祥之地」と刻まれた石碑がある。

葛西富士公園にて
祖母と拓典くん。ダンボールで
草スキーを楽しむ写真⑦

① 赤ちゃん期

「沐浴」
・春立つや湯あみの初孫のぞき見る
平成十七年二月五日、賛育会病院で産声をあげる。標準体重の男子。安産で両家の両親もほっとした一日であった。

「おふろ」
・ペットボトルがお気に入り
沐浴の時期が過ぎ、大人と同じ風呂での入浴が始まった。ペットボトルを湯の中に沈めブクブクさせるのが大好き。

「ハイハイ歩き」

・春光や孫の拳の伸び縮み

赤ちゃんの生育は早い。寝返り、ハイハイ、伝い歩きと日に日に育って行く。

「抱っこ」

・頭支えて尻掴む

赤ちゃんを抱くときはどうしても緊張する。頭・首が固まっていないから抱きにくい。掌に頭を寝かせてお尻の方で支えた。

「泣く・笑う」

・赤子はいつも泣き笑い

赤子の仕事は、泣くか笑うかである。親の都合どおりにはいかない。真夜中に泣き、夫婦の時間に笑うこともある。

「話す」

・話すこといま貯めている

女の子の方が片ごとを話すのが早い。男の子は遅いようである。今では人一倍口達者。

「健診・予防接種」
・細かく記録母子手帳
子育て期間中母親は忙しい。健診、予防接種のほか母子手帳には体重、身長、出来事などきめ細かに記録。

「お宮参り」
・両家じじ・ばば揃いけり
婿の両親が座間市から嫁の両親が江戸川区から来て亀戸天神でお宮参り。

②幼児期

「おむつ替え」
・山ほど買って使い捨て
今では使い捨ての紙おむつ。子育てが楽になった訳ではなくゴミが増えた。

「乳母車」
・自分が押して歩きだす
子供は三歳ごろが一番可愛い。新宿御苑、臨海公園、六義園、向島百花園で乳母車から降り自分で押したがる。仕草はチンパンジーのようで楽しい。

「外出・外遊び
・春うらら自分の子かと問われけり
孫を連れてバス停で待っていると「その子、旦那さんのお子さんですか」と聞かれる。

「金魚すくい」
・親水路にひと溢れ
一之江親水公園の金魚祭に行く。三匹掬った。四年経っても二匹存命。

「三輪車」

・一目散に乗り回す

最初は両足で蹴る四輪車。それから三輪車に乗り始めた。

「ぶらんこ」

・ふらここに二歳児乗せて抱えをり

俳句は「ふらここ、しゅうせん、はんせんぎ」と言う。二歳頃ではまだ一人では乗れない。

「積み木」

・高さを競ふ知恵遊び

親が与えた木製積み木。高さを競いピラミット型を考えたのには感心。

「バス・電車」

・系統番号覚えをり

路線系統番号と行先の漢字をよく覚えた。

「記憶力がいいから楽しみだね」とママが言う。

③ 年少園児期

「入園初日」

・ばあばーと大泣き後ろ髪

亀戸第四保育園に入園。入園初日に大泣されて後ろ髪を引かれる。

「給食」

・小さな膳が展示され

保育園は、昼食、昼寝、おやつ、遊びの順に午後五時まで。今日の献立が展示される。

「昼寝」

・マイ毛布しか寝られない

「プーさんの毛布」がないと眠れない。誰もが経験する子供の宝物。熊のプーさんなのだ。

「お迎え」

・今日はジジ・ババどちらかな

保育園は、朝八時から午後五時まで。午後五時に「じじ」か「ばば」の誰かが迎えに行く。

「門の鍵」

・鍵の番号孫に聞く

保育園の電子錠の暗証番号を忘れ、孫から何回も聞く始末。

「蝉とり」

・蝉しぐれ孫と遊ぶ保育園

夏の五時は明るい。建屋の中にいた園児が飛び出て来る。先ず公園で鬼ごっこ。その後蝉獲り。

「誕生会」

・文化の日園児のうさぎ大人気

園児の踊り、仕草は見るだけで微笑ましい。大きい行事と並んで園児の誕生会が毎月ある。

「運動会」

・炎昼の運動会に玉の汗

年少と年長組に分かれて運動会。年少組は走る方向を間違えることも。年長組は運動帽に玉の汗が浸み込んで。

④　年長園児期

「七五三」

・じじ・ばばの独壇場

七五三は親子の祝事。一番嬉しいのはじじ・ばばかも。亀戸天神に詣でる。

「自転車乗り」

・七転びして急に乗る

自転車に乗る極意はない。でも不思議な程ある日突然乗るようになる。

「水泳」
・背丈の深さ測りをり
子供は水遊びが好きでも呼吸を操るのが苦手。
プールのシャワーで息継ぎを練習。

「レール遊び」
・３ＤＫに納まらず
部屋一杯にレールを張り巡らせ山の手線、総武線、
常磐線を二部屋占領して走らせる。

「カード遊び」

・コンビニ見つけ飛び込めり

東映とバンダイが組んでコンビニでカードを発売した。コスト三十円が一枚百円だ。

「ボール遊び」

・ドッチボールにめり込めり

カード遊びは飽きた。今度はドッチボールに魅力を感じている。

「友達づくり」

・五時門限の外遊び

友達との遊びは五時が門限。「夕焼け、小焼け」の時計が鳴ると一斉に帰って行く。

「テレビ」

・包丁さばき決まりをり

子供向け料理番組を見て料理を始めた。小麦粉を床一面に溢される。五才の包丁さばき見事。

「ぬいぐるみ」

・熊のプーさんお気に入り

子供の精神安定グッズはぬいぐるみ。拓典ちゃんは絵本で人気の熊のプーさんだ。

「しながら食事」

・膳離れたら食事なし

昔は、膳を離れたら食事は貰えなかった。見ながら遊びながらの食事をし・・・。

「落書き」

・クロス張りに迷路描く

五才を超えて悪戯が盛んだ。じじ・ばばのメガネを隠す、油性ペンでクロス壁に迷路を描いたり。

「葬儀」

・岳父逝く青大将の目に泪

ママが世話になった岐阜の祖父が逝った。親子で葬儀に駆け付けてくれた。

「内鍵」

・**親が子供に追い出され**

自己主張が強くなった。頼んだカードを買ってこなかったとママを締め出す。親と子が逆転。

「男親」

・**ママが甘いと見透かされ**

パパが威厳を振りかざし強気に出るとママが甘くなる。子供は計算済み。

⑤　学童期

「ぴかぴかの一年生」

・緊張溜まり腹痛す

入学と同時に学童で夕方五時まで縛られる。
ストレスが溜まって朝になると神経性腹痛。

「連休明け」

・登校拒否の増えるとき

四月から緊張が続き五月連休で緩む。連休後は登校拒否気味。学童を辞めることで治まった。

「友達づくり」

・女友達ませている

学童を止めて自由時間が増え友達の家に行き来する。女友達からカードをせがまれることも。

「テレビ」

・アンパンマンからピタゴラス

保育園時代はアンパンマン一辺倒。小学生ともなるとＮＨＫのピタゴラスに興味が出た。

「キッズ」

・急いで下校参加せり

学童を止めてから放課後児童健全育成事業のキッズに行くようになる。

「運動会」

・夫婦かな同じ模様の夏帽子

小学校の運動会は若い親たちの運動会だ。同じ模様の帽子を被り子供たちより目立つ。

「朝顔づくり」

・種から育つ臨場感

植物の生命力は動物以上だ。その臨場感が体験できる朝顔づくり。ベランダで植木鉢を大切に動かす仕草に真剣さを感じた。

「一輪車」

・伝い乗りして得意顔

伝乗りしていたのが自由自在。スケボーだってこの通りと得意顔。

「親戚」

・手紙交換嬉しがる

富士公園の食べ物祭りに姪の理加さんの家を訪問。あとから礼状も交換。

あとがき

義母の一周忌法要と戦後七十年の節目に当たり先の戦争で辛い思いをして生きた義父母たちのことを振り返った。二度と戦争という過ちを繰り返さないためにも書き留めて残すことが供養になり、これを子孫に言い伝えることがわたし達の責務と思い筆を執った。

世界情勢が変化する中、平和に暮らせることに感謝しつつ戦争の愚かさを知るだけでなく、戦争を引き起こさないために何をして何をさせないか自分の意思主張を真剣に考え前向きに取り組むことを時代は求めている。

合掌

平成二十八年三月吉日

著者　細川良彦・光子

【著者紹介】

細《ほそ》川《かわ》良《よし》彦《ひこ》・光《みつ》子《こ》

昭和十三年四月十四日・昭和十六年十二月六日生まれ
岐阜県揖斐郡大野町小衣斐・中の元出身。
住所　東京都江戸川区松江二―三十二―二―五〇一
電話＆ファックス　〇三―五六六二―〇四七一

戦後七十年を生きて
遠　砧

2016年4月15日　初版発行

著 者　細川良彦・光子

定価(本体価格 500 円+税)

発 行　HOSOKEN出版
〒132-0025 東京都江戸川区松江2-32-2-501
TEL&FAX 03 (5662) 0471

発 売　株式会社　三恵社
〒462-0056 愛知県名古屋市北区中丸町2-24-1
TEL 052 (915) 5211
FAX 052 (915) 5019
URL http://www.sankeisha.com

乱丁・落丁の場合はお取替えいたします。
ISBN978-4-86487-516-5 C0195 ¥500E